見直そう！

保育現場の「なぞルール」

「あたりまえ」から抜け出せば、子どもはもっとのびのび育つ

石井章仁 著

中央法規

はじめに

　保育の営みは、園の子どもと、保育者など子どもに関わる大人が
紡いできた歴史や文化そのものです。園の基本理念や保育方針に則
った保育を行う中で、それぞれの園らしさが培われていきます。
　一方で、「これまでこうやってきた」というだけの理由で同じ時期
に同じことがくり返されることがよくあります。例えば、運動会で
はこの競技、この季節にはこの活動、遠足はいつもここに行くなど。
　本書では、こうした「根拠や理由が明確でないにも関わらず、伝
統的にくり返し行われる行為やルール」を"なぞルール"として取
り上げ、再考することにしました。保育者自らが園の"なぞルール"
を見つけ、見つめ直し、必要に応じて変えていくことが、よりよい
保育につながると考えるからです。
　しかしこれは、それまで築いてきた保育の伝統や文化のすべてを
否定するものではありません。かつて倉橋惣三が「新たに考えよ」
(『倉橋惣三の「保育者論」』フレーベル館) の中で、自分の保育、園
の保育を形式的にせず、常に難問をもち、考え続けることで、保育
が新しくなると述べました。
　とはいえ、一見もっともらしい理由がある場合や保護者が求める
場合もあり、変えることが難しいのも事実です。
　筆者としては、保育者が自身の園の"なぞルール"に気づき、そ
れを子どもや保護者目線で課題として取り上げ、組織的に改善でき
るようになればと願います。本書がそのための、思考やアイデアを
生み出す一助になれば幸いです。

石井章仁

見直そう！
保育現場の
「なぞルール」 **もくじ**

Part 1
保育活動のなぞルール

Part 2
遊び時間 の なぞルール

Part 3
生活 における なぞルール

Part 4
保護者を意識した
なぞルール

Part 5
保育者の役割・考え方の
なぞルール

Part 1

保育活動の

なぞルール

クラス活動は
みんな一緒に一斉に

一緒にやると
楽しいよ

ぼく
やらない

クラスの子どもを集めて、「さあ、これからリズム遊びをする
よ」。保育者は、興味がない子どもや、やりたがらない子ども
も何とか活動に参加させている……。

なにが問題？

● どの子どもにも同じ経験をさせたい

クラス活動として設定しているのは、年齢や季節において ぜひ経験させたい活動。発達を促すためにも一つひと つが大事な経験。すべての子どもに同じ体験をさせなけ ればという義務感があります。

● みんな一緒がよい

みんなで一緒に活動できることはよいこと、社会性を育 むためにも大切だという価値観が根強くあります。人そ れぞれ興味もしたいことも違うはずですが、大人が提案 したことやみんながやっていることに合わせられないと、 「問題」だととらえてしまうのです。

問題はココ! 子どもの主体性を 奪うことも

　子どもの個性・発達には個人差があります。同じクラス （年齢）でも、興味をもつものやできることは違います。
　一人ひとりの個性や発達を把握せず、ただ常に"みんな 一緒に"活動することを期待するのは、ときに子どもの興 味・関心を奪います。また、常に"大人に従う"経験は、 子どもが自ら考える機会を失わせ、子どもの主体性を奪う ことにつながりかねません。「先生に言われたからやる」 のではなく、参加することを子どもが決められるようにし ましょう。

Part 1

保育活動 のなぞルール

関心をもったときが
学びのチャンス。
多様な参加の仕方を認める

「見る」「参加しない」などの選択を認める

　活動への参加を嫌がる子ども、気が乗らない子どもには、「見る」ことや「参加しない」選択肢も認めます。子どもが自ら参加したくなるような環境をつくることが第一だからです。

　見ることを選択した子どもが見ているうちに興味が出て、参加したくなることもあります。「参加しない」を選択して別の場所で過ごしていた子どもが、遠くから聞こえる活動の音や声が気になって、見に来ることもあるでしょう。

　むしろ、子どもが「見る」姿を大切にすべきです。

子どもが惹きつけられることを大事にする

　子どもは「楽しそう」「おもしろそう」と思えることや、年上の子どもがやっていることに興味をもちます。年齢や発達にもよりますが、ルールや手順より、子どもが惹きつけられることを大事にしましょう。

　みんなと一緒が苦手な子どもに集団活動の経験をさせたいというときは、その子の好きな要素を取り入れるなどの工夫をしてみましょう。

保育活動の なぞルール ②

歌は大きな声で元気よく

もっと大きな声で！
元気よく！

歌は、正しい姿勢で元気よくうたうことを大事にしている。

なにが問題？

14

● 歌に対する期待がある

活動の区切りに歌をうたうことで、子どもの行動や気持ちを切り替えられる、クラスがまとまって活動に移ることができるという思いがあります。声を合わせてうたうことでクラスの絆が深まる、情緒が豊かになるという期待もあります。

● 昔から続く「教え」の意識がある

「姿勢を正して大きな声で元気よく」は、以前の教育が残っている姿ともいえます。保育者自身がそれまでの経験で歌の楽しさや心地よさを得られていないと、形にこだわり、気持ちをメロディにのせてうたうことができません。

問題は ココ! 歌は「表現」である ことが忘れられている

　歌が表現活動であるという基本的な認識が忘れられています。
　詞や曲に合ったうたい方、表現の仕方があります。今の自分の気持ちを反映してもよいでしょう。朝の会や活動のつなぎにうたうときは、歌が表現活動であることを忘れているのかもしれません。しかし、歌詞には意味があります。園歌にも意味があるはずです。

コレで解決!

うたいたいときにうたえる
環境をつくる

うたう心地よさを
体験できるようにする

　うたうことで心地よくなる、心地よいときに歌が出てくる——この2つを味わうことが大切です。そのために保育者は、うたうことを強要したりうたい方を指摘することを避け、一緒に歌を楽しむ環境を意識しましょう。

　また、うたわずに「聴く」という楽しみ方も受け入れます。その場にいたり、うたう様子を見たりなど、ただ聴くことも大切にしましょう。

歌を「埋め草」にしない

　歌は、大切な表現活動です。朝の会、給食の準備が整うまでの待ち時間など、歌を時間の「埋め草」にしていないか見直しましょう。歌を取り入れるとしても、表現であることを意識し、歌の意味をとらえてうたいましょう。

保育者がモデルになり歌を口ずさむ

　生活の様々なシーンで保育者がその場に合った歌を口ずさんでみましょう。例えば、園庭で、ちょうがひらひら飛んでいるのを見て「ちょうちょう」をうたうなど。

　保育者が思わず口ずさむメロディや歌詞は、子どもの心に響きます。一緒にうたい始める子どももいるでしょう。それこそが表現活動の基本です。

行事のあとは
思い出画を描く

動物園にはどんな
動物がいたかな?

行事などのあとには、まとめとして思い出を絵で再現する。

● 行事での経験や学びのまとめとして

運動会や発表会など日頃の成果を保護者などに見てもらう園行事、豆まきやお月見など日本の文化を体験する季節行事など、行事への参加にはいろいろな意味や学びがあります。その体験でどのようなことが心に残っているかを表現することは大切です。

● 思い出をアウトプットするため

行事などの思い出を絵にするのは、体験が自分の中にどのように残っているのかを、描画という手段で表現するためです。

問題はココ！ 子どもの表現したい思いに沿っていない

行事での経験や学びのまとめ、思い出のアウトプットとしての表現が、すべて「絵」であることがステレオタイプです。表現の方法はほかにも様々あり、体で表現しても、言葉で表現してもよいはずです。

さらに問題なのは、テーマや構図などを限定することです。例えば、運動会の絵というと、つなひきやリレーをしている自分たちを描くなど、自分を入れることや場面を指定したりします。でも、つなひきの綱だけを描いたり、お昼に食べたおにぎりを絵にしてもよいはずです。

絵を描くための原動力は、心が動き、表現したいという思いです。その意味で、過去の行事を思い出して描かせる、テーマを限定して描かせることに無理があります。

思い出画を描く意味を問い、テーマに柔軟性をもたせる

行事を思い出す写真やグッズで 子どもの「描きたい」を掘り起こす

　「行事の思い出」をテーマに絵を描くとしたら、その日の場面や心の動きを子どもが思い出せるよう楽しかったことを話したりしながら、写真や思い出のグッズなどにふれられるような工夫が必要です。

場面や構図を限定せず、 自由に描けるようにする

　例えば遠足の絵を描く場合、お昼のお弁当を描いても、移動の途中で見つけた虫を描いてもよいのです。子どもが「描きたい」と思った場面を自由に表現できるよう、場面や構図などを限定しないようにします。
　また、絵を描くことにこだわらず、折り紙や粘土、言葉（保育者が書きとめる）などでの表現を選べるような環境も大切です。ごっこ遊びの中で表現したり、保育室に動物園や水族館を再現してもおもしろいです。

Episode エピソード

　発表会の思い出画で、画用紙いっぱいに四角をたくさん描いた子どもがいました。話を聞くとステージから見えた客席の絵とのこと。その中にカメラを持っているお父さんの姿もありました。そこで保育者は、上にもう1枚画用紙を足して子どもに渡しました。すると、今度は、ステージで自分が踊っているシーンを描いたのです。
　子どもの視点でどう見えているかを考えさせられました。

保育活動 のなぞルール

絵の具は必要な色だけ準備する

絵の具を使って絵を描くときは、必要そうな色を数色選んで用意する。残ったらもったいないので……。

なにが問題?

● 色に対する大人の固定概念がある

さつまいもは紫色、空は青色など、色に対する固定概念に縛られている保育者が少なくありません。また、保護者も同様のため、保育室の壁などに展示した際、個性的な色を使っている絵を見た保護者が、「うちの子だけ違う……」などと心配するのを避けようとする思いもあるでしょう。

● 色が残ると「もったいない」

絵の具を使う場合、色の選択の幅を広げると無駄になる色が出てきて、もったいないという感覚もあります。

問題はココ！ # 子どもの自由な表現を妨げている

絵の具を使う際、用意する色の種類を限定することは否定しません。問題なのは、そのセレクトが色に対する大人の固定観念によるものだということです。

例えばさつまいもの絵を描くとき、紫や緑、赤や茶色などの絵の具しか出ていなかったとします。でも、さつまいもを大好きなピンク色で塗りたい子どもがいるかもしれません。自分の使いたい色がないと、子どもはその思いを抑え込むことになります。色の固定観念は、子どもの自由な表現を妨げることになります。

また、自然の色は絵の具ではなかなか出せないことにも留意すべきでしょう。

絵の具の色は子どもが選び
描く姿を見ながら色を増やす

色は制限せず、
子どもの選んだ色は否定しない

　あらかじめ使用する色を制限せず、何色が必要かを子どもに聞いて一緒に準備し、描いている途中でも臨機応変に対応します。自然にあるものの色は既製の色では表しにくいことを留意し、子どもが選んだ色を否定しないことが大切です。

子どもの姿を見ながら、
環境を再構成する

　子どもの描く姿を見ながら、色を増やしたり、用紙を足したりします。画用紙だけではなく布、平面だけではなく立体のものを用意したり、絵が収まりきらなかったら、用紙を貼り合わせるのもよいでしょう。

Episode
エピ
ソード
余った絵の具の楽しい利用法

　園庭にテーブルを出して子どもが絵を描いていました。描き終わって余った絵の具を保育者が捨てに行こうとしたところ、ある子どもが「待って」と言いました。その子は絵の具を色水にして園庭の築山に持っていき、掘った穴に入れました。楽しくなって、ほかの穴にも別の色水を入れていき、築山がカラフルな温泉地帯のようになりました。そのうち穴を壊して「決壊だ」「火山の爆発だ」などと遊びが発展していきました。

5歳になったら ○○にチャレンジ！

5歳児は園生活の集大成として、毎年、何かにチャレンジし、それぞれの目標達成を目指して取り組む。

なにが問題？

● 保育の成果を形で示したい

保育の集大成として、最年長の5歳児になったら、形ある成果を見たい、保護者にも示したいという思いがあるのでしょう。竹馬やなわとび、鉄棒など、5歳児になったら〇〇にチャレンジするというのが恒例になっている園は少なくないようです。

● 達成感を味わってほしい

小学校入学を控えた5歳児が、難しい課題に取り組み成し遂げる経験を通して達成感を味わい、自己肯定感を高めてほしい、努力することの尊さを感じてほしい、というねらいもあるでしょう。「チャレンジカード」などを使って見える化することもあります。

問題はココ！ 一律の達成目標にすることに無理がある

　5歳児になったら何かにチャレンジすることが問題ではなく、そのチャレンジが全員にとっての達成目標になることに問題があります。そもそも「5歳児ならこれができないと」という考え方が問題です。

　例えば、5歳児で竹馬を取り入れるとしたら、竹馬がやってみたくなるような前段階の計画が必要です。例えば、3歳児はポックリ、4歳児ではヤットコ型や一本ゲタを遊びに取り入れるなどです。それでも竹馬に興味がない子どもはチャレンジしなくてもよいことを前提にしてください。

チャレンジに向けて段階的に
教材や活動を工夫する

5歳児のチャレンジに向けた
前段階の活動を大切にする

　例えば5歳児で竹馬にチャレンジするのであれば、段階的に竹馬につながる教材や活動の工夫を盛り込みます。

　遊びの中で歩く、走る、ジャンプするなど運動の基本動作をたくさん経験したり、よつばいで築山を登り降りするなど全身を使った運動も取り入れます。教材は、ポックリ、ヤットコ型、一本ゲタなどと、段階を踏むことが大切です。

　一つのプロジェクトとして、園全体で取り組みましょう。

ちょっとやってみたいなと
感じられる環境を用意する

　自由遊びの時間などに、ポックリやヤットコ型などを取り入れながら、得意な子どもから竹馬にチャレンジしてみるなど、一斉にでなく、少しずつやってみたい子が増えるような環境を工夫してみましょう。得意な大人が楽しくやってみせるなどモデルになるのも一案です。

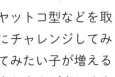

チャレンジを全員に強要しない

　やりたくない子どもはチャレンジしなくてもよいという選択肢を提示し、ほかにやりたいことがあればそれをとことんできるような環境を用意しましょう。

　「チャレンジカード」も、全員での取り組みにするのはおすすめしません。

保育活動
の
なぞルール

保育活動の **なぞルール 6**

園行事は不可欠

発表会に向けて早くから毎日練習。発表会は保護者も大感激で、
子どもたちも達成感を得ている。

なにが問題?

30

● 努力や達成感を得て、子どもが成長する機会

運動会でのマーチングや組体操、生活発表会での劇や楽器演奏などは、継続的な練習が必要です。がんばって、あきらめずに取り組むことで、努力する心ややり遂げる忍耐力が身につくという考えが大事にされた時代があり、そうした経験を重視する園もあります。

● 保護者のためにも必要

運動会や生活発表会は、子どもが成長した姿を保護者と共有し、保護者に喜んでもらう機会になります。また、園の保育への評価の機会としても不可欠な行事だととらえられています。

問題はココ! 子どもに過度な負担がかかることもある

行事で披露することを意識し過ぎると、子どもに過度な負担を与えることになりかねません。また、ふりを覚えて再現する、せりふを暗記して言うといった、与えられた活動に取り組むだけでは、子どもの主体性が育ちません。

子どもに過度な負担がかからないようにすることはもちろん、子どもが主体となってつくるような行事にしましょう。

コレで解決！

行事を日常の延長ととらえ
子どもが主体となって
内容を考える

子ども主体で行事の内容を考える

　普段子どもが遊びの中で夢中になっていること、楽しく取り組んでいるものを見つけ、そこから内容を考えましょう。

　運動会であれば、なわとびが好きな子どもはなわとびを、鉄棒が得意な子どもは鉄棒を披露する、クラスでおにごっこが流行っているなら、それを種目にしてみるなどです。

　子ども自らが考え、日常の延長で取り組めるものにすれば、子どもに負担がかからず主体的なものになります。

保護者に過程や意味を伝える

　保護者に当日の発表を見てもらうだけではなく、発表に至るまでの子どもの姿、自ら考えたり、楽しむ様子や変化などをあわせて伝えます。当日の出来・不出来ではなく、過程に学びがあることを伝えましょう。

行事そのものの実施を見直す

　年間計画を立てる際に、その年の行事の見直しを行いましょう。これまでずっとやってきたからではなく、その行事は本当に必要か、得られるものは何か、どのように実施するのがよいのかを見直します。たとえ長く続いてきた行事でも、一度やめてみる決断をすることも大切です。

　ただし、恒例の行事をやめる場合、保護者にしっかりと説明する必要があります。また、子どもの成長を保護者にどう伝えていくかも検討しましょう。

3歳児が始めた「流しそうめんごっこ」に2歳児が自ら参加

　冬のある日。築山の上に3歳児が4〜5人、じょうろを持って集まっていました。雨樋を2本つなげてじょうろの水を上から流しています。そのうち芝生の芝をむしって流す子どもも現れました。流しそうめんごっこです。

　楽しそうな様子を見て、ほかのクラスの子どもも集まってきました。そのうちに、水を汲んでくる、水を流す、芝生をむしってくるなどの役割分担ができてきました。

　そこで保育者は、割り箸と紙コップを提供してみることにしました。すると、食べるまねをする子どもが出てきました。保育者がさりげなく介入することで、遊びがさらに広がったのです。

　離れたところで見ていた2歳児も参加したくなって、自分のクラスの前にある水道で水を汲んで運び、雨樋に水を流し始めました。年上の子どもたちがやっていることをよく見ていたのですね。すてきな光景でした。

Part 2

遊び時間の

なぞルール

遊び時間の なぞルール ①

「遊び」も時間内に
終わらせる

何時から何時までは外遊び、何時から何時までは室内遊びなど、
日課が決まっている。遊びが盛り上がっていても、時間が来た
ら終わりにする。

なにが問題？

● 活動や食事の時間は決まっているもの

学校教育は時間割があること、活動や食事、おやつの時間が決まっていることが一般的で、それに合わせなくてはいけないと思っています。

● 指導計画ありきで保育が行われている

「遊びの時間」に子どもにとって必要な経験ができるようねらいをもって保育を行っているので、そこから外れると必要な経験ができないという思いがあります。

● 園庭が狭いなどの事情がある

園庭やホールなどでは、園児が密にならないようにクラス単位で使う時間を決めなければならないこともあります。

遊びが盛り上がらない・遊びが深まらない

子どもによって、また日によって、遊びに集中し始めるタイミングは変わります。時間にしばられるとそもそも遊びは盛り上がらず、たとえ盛り上がったとしても中断されて遊びが深まりません。大人の都合やルールに左右されるのは非常にもったいないことです。

また、子どもが外遊びに満足して、今度は室内の遊びをしたいと思っているにもかかわらず、「まだ外遊びの時間だから」と続けさせることは、子どもの選択の幅を狭めてしまいます。

コレで解決!

遊びの時間や場所は
ゆるやかに設定し、
最終ラインだけを意識する

活動と活動のつなぎをゆるやかに

　遊びの終わりの時間を決めると、「はい、おしまい！片づけるよ」などと、遊びを切り上げさせる必要があります。時間に間に合わせようと、片づけや移動を急かすこともあるでしょう。

　まず、「遊び」「生活」「活動」のつなぎをゆるやかにして遊びの区切りのよいところまで続けたり、次に続きができるようにしてみましょう。

外(園庭)と内(室内)の時間を分けず 行き来を自由にする

　外遊びと室内遊びの時間を分けず、自由遊びの時間はどこで遊んでもよいことにすると、子どもは自分の好きな遊びに十分に時間をかけられます。

　複数のクラスで外に出て、保育者間で担当エリアを分担するなどして、みんなで見守りましょう。

Part 2

遊び時間 のなぞルール

Episode
エピ
ソード
一定時間内なら昼食は いつ食べてもよいことに

　「12〜13時までの間に食事をする」と、この間であればランチルームにいつ来てもよいことにした園があります。時間をゆるやかに設定することで、子どもはひと区切りがつくまで遊びを続けることができるようになりました。

乳児と幼児は時間と空間を分ける

- -

乳児と幼児が遊ぶエリアを分けたり、時間を区切って乳児と幼児が一緒にならないようにしている。

なにが問題？

40

● 危険を避けたい

年齢に応じて子どもの動きは異なります。幼児が活発に走り回る一方、乳児はまだヨチヨチ歩き。同じ場所で遊ばせると、ぶつかったり、幼児が投げたボールが乳児に当たったりするかもしれません。乳児と幼児を分けて遊ばせるのは、危険回避のために仕方ありません。

● 発達に応じた経験をするため

発達段階に応じて経験させたい遊びも違います。例えば、ドッジボールやサッカーなどは年長児だけで思いきり遊ばせたいものです。それぞれ発達段階に応じた遊びに集中できるように遊ぶ場所を分けるのは、必ずしも悪いことではありません。

問題はココ！ 遊びを通して学び合う機会が失われている

常に乳児と幼児の遊びの場を分けていると、互いに学び合う機会が失われてしまいます。乳児は幼児の遊びを見て遊び方をまねし、憧れの気持ちを抱きます。幼児は乳児から「すごいね」と言われるなど認められることで自尊心が育ちます。また、小さな子どもへの思いやりややさしい心が育ちます。

特に、保育所やこども園では、0〜5歳児が一緒に過ごしているのに、接する機会が失われていることが問題です。

遊び時間 のなぞルール

コレで解決!

乳児と幼児がしぜんに関わりをもてる環境と体制をつくる

乳児と幼児が一緒にいて
互いに学ぶ姿を重視する

　まずは、関わりを大切にする意識をもちましょう。5歳児の中に2、3歳児が入っていったときなど、「すみません」と引き離しに行くのではなく、混ざっていることを大事にして、その姿を見守ります。

　ときには3歳未満児と幼児が同じ時間・場所で遊ぶ機会をつくりましょう。危険への心配については、次第に子どもが危険を回避するようになっていきます。

保育者は、クラス以外の子どもも
意識して見る

　その場にいる保育者みんなで子どもを見る意識と体制をつくりましょう。そのためにも日頃から保育者同士が、子どもの情報を共有し合うことが大切です。

年長児のみの遊びは
午睡の時間を当てる

　ドッジボールやサッカーなど、年長児だけで思いきり経験させたい遊びについては、年長児の午睡がなくなる時期に、その時間をあててもよいでしょう。

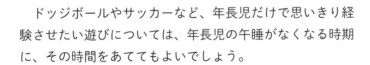

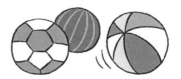

遊び時間の なぞルール ③

コーナーの玩具は
持ち出し禁止

おままごとの道具は
ここで使おうね

配達
行ってきまーす!

ままごと遊びはままごと遊びのコーナーで、製作は製作コーナーで行う。コーナーからおもちゃなどを持ち出さないことを子どもと約束している。

なにが問題?

44

● 遊びに集中しやすくする

コーナーを設定することで、いろいろな遊びが混ざらず、集中して遊び込めるようになります。例えば、積み木コーナーで友だちにじゃまされず積み木を高く積み上げたり、ままごとコーナーでおうちごっこのイメージを広げたりしやすくなります。おもちゃの移動をさせないことで、それぞれの遊びが充実します。

● 片づける時間が省ける

コーナーの中だけで遊びが成立すれば、片づける必要もなく、途中のものもそのままで残しておけるというメリットがあります。

問題はココ! 子どもの自由な発想が広がらない

　子どもの遊びは、興味・関心の移り変わりによってどんどん広がっていくものです。例えば、絵本に出てきた飛行機を作りたくなって、絵本を見ながらブロックを組み立てたくなるかもしれません。ままごとコーナーでおうちごっこをしていて「家族でドライブに行こう」となり、車のおもちゃを走らせて遊びたくなるかもしれません。

　遊びは共鳴します。コーナー同士が離れていても遊びは共鳴し合います。コーナーの遊具が行き来して当然なのです。

コレで解決！

遊びは共鳴するもの。
おもちゃの移動を
禁止せず見守る

46

「コーナーの中だけ」の ルールはつくらない

　コーナーごとの遊びを保障しつつ、遊びの広がりや、おもちゃの移動については見守ります。移動したおもちゃなどは、最後に片づける場所を明確にしておくとよいでしょう。

コーナーは子どもの 興味・関心に合わせて変える

　いったん設定したコーナーも、子どもの興味・関心に合わせて広さや構成、中身を変えていきます。

　ままごとコーナーなど定番のコーナーも、子どもの遊びが広がらなくなってきたときには、病院ごっこや買いものごっこ仕様にするなど工夫します。

　ときには、保育室全体を一つのコーナーとして、ジャングルやお化け屋敷などにしても楽しいです。

Episode
エピソード **コーナー遊びが共鳴**

　積み木コーナーで、宇宙船をイメージしながら遊んでいる子どもがいました。ままごとコーナーでは、お店やさんごっこが進行していました。そのうち宇宙船で「食事」が始まると、ままごとコーナーから食器などを借りに来ました。すると、ままごとコーナーではレストランを開店し、宇宙船への配達もスタート。遊びが共鳴した一例です。

遊び時間 のなぞルール

遊び時間の なぞルール **4**

ブランコは
10数えたら交代

…きゅう じゅ～う
おまけの おまけの…

子どもに人気の遊具、ブランコ。みんなが遊べるように、並ん
で順番を待ち、10数えて交代。

なにが問題❓

48

●「じゅんばん」を覚えてほしい

社会生活を送る上で必要な「順番を守ること」を覚えてほしいという願いがあり、ブランコはそれを学ぶのに適した遊具だと考えられています。

● トラブルを避けたい

あらかじめルールを決めておくことで、順番をめぐるトラブルを避けたいという気持ちがあります。ずっとそうしてきたことで、誰も疑問をもっていない場合もあるでしょう。

問題はココ! 遊びのルールを生み出す力が育たない

順番の意識がまだない1・2歳児にこのルールは意味のあることです。しかし、4・5歳児まで同じルールを取り入れていたら問題です。待っている人の気持ちに気づいて譲ったり、並んでいる人が少ないときは自分で判断して少し長く乗ったりなど、その場に合わせて考えて行動する経験ができません。

また、ルールが絶対的なものになっていたり、ルールを決めるのがいつも保育者だったりすると、子どもが自分たちで遊びのルールを生み出す機会が奪われてしまいます。

遊びのルールは
子どもの考えを尊重し
一緒に決める

子どもがルールを考える

しっぽ取りで遊ぼうとしていたところ、ひとりの子どもが「しっぽを取られるのが嫌だからやらない」と言い出しました。すると別の子どもが「じゃあ、〇〇ちゃんのしっぽは取らないようにしよう」と言い、ルールを変えて遊び続けました。みんなが楽しく遊ぶためにどうしたらよいかを、子どもが自ら考えた事例です。

保育者は子ども同士の話し合いを見守り尊重してみましょう。思いがけないルールが生み出されるかもしれません。

ルールに柔軟性をもたせる

ルールを絶対的なものにしないことも大切です。「もっと乗っていたいけれどいいかな」と交渉したり、乗りたそうにしている友だちがいたら順番を譲ったりなどができるよう、保育者が声をかけるといった配慮をします。

> **Check**
> **チェック** 園庭での遊びに
> 夢中になりきれていない可能性も
>
> たくさんの子どもがブランコに集中して、「10数えたら交代」をするしかない状況だとしたら、ほかの遊びに夢中になっていないからかもしれません。子どもが自分のしたい遊びに没頭できるような環境を考える必要があります。

片づけをしてから
次の遊び

子どもが別の遊びに移ろうとするときは、再びその遊びに戻るとしても、一度片づけるように伝える。

なにが問題？

● 出したものはしまう！が鉄則

大人世界のルールでは、「出したものは使い終わったらしまう」が鉄則です。幼児期から「片づけ」を身につけることが大事だという考えがあります。

● 遊びの区切りとして大切

遊びの区切りをはっきりさせることも大切です。そのためにも、いったん片づけてリセットすることを基本にしています。

● 安全性の確保のため

おもちゃや道具が出たままだと、けがや転倒の原因になることがあります。破損や紛失の可能性もあります。

問題はココ！ # 遊びと遊びをつなげられず、発展しない

子どもの遊びは、思いつきと共に発展していきます。例えば積み木で遊んでいて、ここでおうちごっこをしたら楽しいだろうなと思うと、ままごと道具を持ち込みたくなるのです。

朝の会の前後や、コーナーを移動する、遊びを変える（ように見える）たびに「片づけ」というルールを押しつけられると、遊びと遊びのつながりが妨げられ、発展もしません。

Part
2

遊び時間 のなぞルール

片づけるかどうか、
どう片づけるかは
子どもが決める

片づけのタイミングを
子どもと相談する

　その遊びが終わったかどうかは、子どもが決めること。保育者から見て終わっているようでも、子どもの中では次の遊びと連動していることがあります。

　遊びに満足してやり遂げた感覚をもつと、あっさりと片づけることもあります

　時間に幅をもたせ、片づけるかどうかを子どもが決めるようにします。

どう片づけるかも子どもが決める

　「きれいに片づける」「そのまま残しておく」「一部片づけて一部残しておく」など、後始末を子どもが考え、決めることが大切です。

Episode エピソード

子どもの意思を尊重して
お化け屋敷の中で食事

　部屋でお化け屋敷を作っている途中で、お昼の時間になったとき、子どもたちにどうしようか相談したところ、「このまま作り続けたい」と言います。「じゃあ、お昼ごはんをどうしよう」と聞くと、「お化け屋敷の中でごはんを食べればいい」という意見が出て、みんなが賛成しました。そして、暗い中でごはんを食べたのです。

　片づける選択肢にも気づかせたいと思いましたが、子どもたちで話し合って決めた意見を尊重しました。

Part 2

遊び時間のなぞルール

凧あげ、コマ回しは1月の遊び

毎年1月には、凧あげ、コマ回しなどを子どもたちが経験する。

● 文化、伝統を伝えたい

家庭や地域社会では経験する機会が少なくなった伝統遊び。子どもに伝えていくことは「保育所保育指針」などにも記されていて、園と保育者の義務だととらえています。「季節に応じた活動」と考えると、「お正月遊びはお正月のもの」＝1月の限定遊びという認識になります。

問題はココ！ 期間限定は、遊びの連続性を妨げる

遊びには連続性が必要です。凧あげ、コマ回しなどはそれなりの技術が必要で、すぐにうまく遊べるようにはなりません。

ようやくできるようになったところでおしまいでは、中途半端なままで遊びが終了してしまいます。遊び続けたい子どもが遊び続けられる環境をつくることが必要です。

Episode
エピソード
水遊びは夏の遊び？

水遊びなども季節限定の遊びにしがちです。冬場に水遊びは寒いし、風邪をひくかもしれないしと、躊躇する保育者は多いでしょう。しかし、ある園では、年間を通して砂場に水を流して川や池にする遊びを楽しんでいました。お湯を使うなど工夫すれば、季節を問わず水遊びを楽しむことができます。大切なのは、柔軟に考える姿勢です。

コレで解決！

子どもの興味・関心に合わせ
期間を限定せず、
継続して遊べるようにする

興味が続く様子があれば、道具を片づけない

お正月遊びをきっかけに遊び始めたとしても、興味が続いているようなら、引き続き遊べるようにしましょう。

数年かけて、手回しコマ、ひも引きコマを経験し、自分でひもを巻いて回せるようになると、興味の続く子はその後いろいろなワザにチャレンジするようになります。

凧あげは風のある日の遊びとして通年取り入れてみる

凧は風で遊ぶものです。計画した日に風が弱ければ楽しむことはできません。雨や雪が降ってもできません。風さえあれば、通年通して楽しめる遊びです。

年間を通して取り入れながら、風のある日の多い1月には、お正月遊びとして十分に凧あげを楽しんではどうでしょう。

地域の人との交流の機会にする

お正月遊びを通して文化や伝統を伝えようとするなら、園の中だけにとどめず、地域の人にお正月遊びを教えに来てもらうなど、交流のきっかけにするのもよいでしょう。

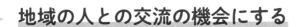

遊び時間の なぞルール ⑦

けんかは「ごめんね」「いいよ」で解決

子ども同士のけんかが勃発すると、保育者が間に入る。「ごめんね」「いいよ」で無事に解決。

なにが問題？

● けんかをさせたくない

けんかは発達の一つの姿だという認識をもちながらも、よくないことだという思い込みがあります。また、けんかは解決させなければならないという思いもあります。目の前でけんかをされること自体が耐えられない保育者もいます。

● 手が出てトラブルにならないように

けんかで手が出て、どちらかがけがをすることを防ぐためにも、早めに保育者が仲立ちをして解決をさせようとします。どちらかがけがをしたときなど、けんかは発達の一過程であること、自分たちで解決できるよう見守る意義などについて、保護者に理解してもらうのがが難しいと考えています。

問題はココ！ # トラブルを解決する
プロセスが学べない

友だちとの間のトラブルを解決する手段として、「ごめんね」「いいよ」のやりとりを教えること自体は間違っていません。問題は、怒りや許せない気持ちがまだ残っているのに、ただ「ごめんね」「いいよ」の言葉が呪文のようにくり返され、一つのパターンのみの「解決」としてしまうことです。

自分の気持ちを表現し、相手の気持ちとの間で折り合いをつけながら、協調的に解決するまでのプロセスを学ぶ機会が奪われてしまいます。

けんかを解決するプロセスを
学べるように見守る

けんかの解決の段階を知る

けんかの解決には段階があります。
・泣いて大人に助けを求める
・手が出たり、言葉で責めたりして、互いに相手を攻撃
　し、どちらかがあきらめる
・ほかの誰かの介入によってけんかがおさまる
・自分たちで解決していく
保育者は子どもがどの段階にあるかを見て、介入の仕方
を考えます。

気持ちを伝え合うための
手助けをする

解決への見通しが立たないときは、否定せず、気持ちを
聞き、「そうだよねー、くやしいよね」などと共感しながら、
子どもが自分の気持ちを言葉にできるようにしていきます。
一方で、まだ言葉のやりとりが十分でない子ども（3歳
未満児など）には、「ごめんね」「いいよ」を教えることも
大切です。

「いいよ」と言いたくない
思いも認める

気持ちに折り合いがつけられるまでは、許さなくてもよ
いのです。「いいよ」が今は言えないことをいったん認め
ることも大切です。

遊び時間 の なぞルール

お化け屋敷を生かして
♥ ジャングルへと
発展した遊び

　5歳児クラスで、お化け屋敷を作ることになりました。保育室の4分の1ほどのスペースを使い、暗幕をかけて真っ暗にした、子どもには大がかりなお化け屋敷です。5歳児がお化け役になり、下のクラスの子どもを呼ぶことにしました。すると、お化けについて、「血を流すといいんじゃない」「包帯があるとリアルだよね」などと話しながら遊びが広がりました。「懐中電灯がほしい」と言うので渡すと、カラーセロハンを貼って不気味な明かりをつくる工夫も見られました。

　お化け屋敷は、手を加えながら何週間も続きました。その後、子どもたちの興味は「ジャングル」に移り、お化け屋敷を改造して、ジャングルごっこが始まりました。

　ダイナミックな遊びはその後数か月続き、翌年再び出現しました。

Part 3

生活における

なぞルール

クラスの1日は
朝の会からスタート

今日も元気に
ごあいさつできたねー！

先生、みなさん
おはよう ございます

朝の会は毎日行う。「おはようございます」のあいさつをして、出欠をとり、朝の歌をうたって、当番の確認。1日のスタートに欠かせない。

なにが問題？

●生活リズムが整う

保育所は登園時間がバラバラなので、登園後は自由遊び
をしています。いったん集まる時間をつくることで、ク
ラスとしての生活リズムを整える役割があります。

●クラスの絆が深まる

毎朝、クラス全員で顔を合わせ、みんなであいさつをす
る、歌をうたうことなどを通して、クラスの一員として
の意識を高め、絆を深めるというねらいがあります。

●事務連絡のために必要

出欠確認やその日の予定の伝達、当番の確認などのため
に、クラス全員で集まる時間が必要です。

問題はココ! ただルーティン化 している

毎朝、朝の会を行うこと自体は、悪いことではありませ
ん。問題は、「これまでやってきたことだから」と、何の
ために朝の会を行っているのかを意識せず、ただルーティ
ン化していることです。

背景にある、クラスの絆を深めることや事務連絡は、
「朝の会」がなくてもできます。年齢や発達にふさわしい
時間・内容、何のために行うのか、何が必要なのかを再考
することが大切です。

コレで解決!

1日の見通しをもち、楽しみにできる朝の会にする

「朝の会」を見直す

　集まるタイミングや内容、やり方などについて、定期的に見直しましょう。昼食の前、おやつの前など、1日の中で最も適した時間帯を考えます。

子どもが集まる時間に
何をするかを改めて考える

　朝や昼、夕方のどの時間に子どもが集まる時間をもち、そこで何をするのがよいか、改めて考えてみましょう。その際、大切にしたいのは以下の点です。
・小グループで話し合う経験をする。
・みんなでうたったり手遊びをしたりして関係をつくる。
・朝の会なら目的や見通しをもつ時間にする。昼や夕方の会なら、遊びを振り返る時間にする。

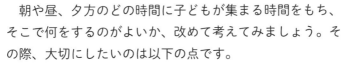

倉橋惣三は「朝の会」に反対していた？

　日本の近代保育をつくり上げ、日本の「フレーベル」と呼ばれた倉橋惣三。大正6年、東京女子高等師範学校附属幼稚園の主事になったとき、「会集（朝の会）を改めよう」と提案しました。当時行われていた朝の会は、幼児の疲労や緊張を引き起こし、幼児の1日の始まりとしてふさわしくないという理由でした。

　その後、会集は、歌唱や遊戯も取り入れるなど見直され、多くの園で取り入れられて今に続いています。

Part
3

生活
における
なぞ
ルール

活動前にはトイレタイム。
並んで順番に

外遊びや一斉活動の前にはまずトイレ。みんながトイレに向かうので、ドアの前に順番に並ぶ。

なにが問題?

● 活動が途切れないように

活動中に、誰か一人でも「トイレ！」と言って抜けてしまうと、その子自身はもちろん、クラス全体の集中が途切れてしまいます。年齢によっては保育者がトイレの介助につく必要があるという理由もあります。

● トイレに行く習慣をつけさせたい

遊びが始まる前や生活の節目に、トイレに行く習慣をつけてほしいという思いがあります。

問題はココ！ 排泄は大人が指示するものではない

尿意を感じて、自分で排泄できるようになるのが排泄の自立です。尿意を感じる前にトイレに行く習慣がついてしまうと、「ここまでなら大丈夫」「ここでトイレに行かないともれてしまう」という感覚が身につきません。それは、排泄の自立を促し育てることになりません。

みんなで一斉に行くとすぐにしたい子、あまりしたくない子が列に並んで待つことになり、必要な子どもが不用意に待たされることになります。

トイレは、行きたいときにいつでも行ける環境をつくる

保育者自身が認識を改める

　みんなが同じ時間に排泄をすることが、実は異常な状態であること、そして、子どもの生理現象を大人がコントロールしてはいけないということに、まず気づいてください。

　ただし、トイレトレーニング中では、みんなでトイレに行って、ほかの人の姿を見ることが動機づけになることもあります。

行きたいときに行ける環境を整える

　活動の途中でも、子どもが「トイレ」と言ったら、気持ちよく行かせるようにします。たとえ活動が途切れてもよいのです。活動を止めて気まずい経験をしたり、反対に止められて嫌だなと感じることも学びです。

　トイレの介助が必要な年齢の場合は、そのための人員確保を整えることも考えましょう。

Check

チェック「トイレに行きたいときに行く」
権利がある

　トイレに行きたいときに行くことは、人として守られるべき権利です。どのような活動のときでも、トイレに行きたくなったらいつでも行ける環境をつくりましょう。

なぞルール ③

生活における

給食を残さず食べたら ほめる

食事を全部食べた子どもに保育者は「えらいね！」などとほめて、子どもが全部食べた満足感を得られるようにする。

なにが問題？

74

● 食事は残さず食べるという価値観がある

食べものを残すことはもったいない、好き嫌いは悪いことだという思いがあります。保育者自身がそうしつけられてきた、またはSDGsの観点からそう考える保育者もいるでしょう。

● 残すと必要栄養量を満たせない

給食は、それぞれの年齢の必要栄養量を計算して作られています。残すと、必要栄養量を満たせず、健康を損なう可能性があります。その意味で、配膳時に量の加減をしない園もあるでしょう。

問題はココ！ 個人差や子どもの心への配慮がない

　同じクラスでも、月齢や体格、体質も違う子どもたち。食欲や食事の必要量にも個人差があります。また、これまでの家庭での食生活や、味覚などにも個人差があります。

　同じ量を盛りつけても全部食べられる子どもと、食べられない子どもがいて当然です。それを無視して、全部食べた子どもに「えらいね！」とほめることで、食べられない子どもは劣等感をもったり、給食の時間が嫌いになったりする可能性があります。子どもの心に配慮していません。

　なお、食事はおいしくいただくもので、がんばって食べるものではありません。ましてや「食べ終わるまで遊べない」という方法はNGです。

Part
3

生活 における なぞルール

コレで解決！

おなかがすいて食べる
習慣をつくる。
盛りつけは子どもに合わせる

家庭での食生活を把握する

　月齢や体格、体質だけではなく、朝食の時間、何を食べたかによっても、お昼に食べられる量は異なります。また、新入園児など、これまで食べた経験のないものは食べたがらないこともあります。

　子どものこれまでの食習慣や食生活、食文化を把握し、家庭や子どもに合わせた提供の仕方を考えることを大切にしましょう。

午前中に体を動かす活動を取り入れる

　体を動かすことで、おなかがすいた状態で食事の時間を迎えられるようにします。ほめられるから食べるのではなく、おなかがすいているから食べる環境を工夫します。

　食べ終わった子どもには、「おいしかったね」「おなかいっぱいだね」などの言葉をかけましょう。

食事のスタイルを見直す

　ブッフェ式にして自分で盛りつける、「多め」「少なめ」など自己申告で盛りつけの量を調節してもらうなど、食事のスタイルを見直しましょう。

　結果的に全員が、自分の盛った分を全部食べられて「ごちそうさま」ができるようにします。

眠くない子どもも全員で午睡

・・

午睡の時間。眠くない子どもも横になり、目をつぶったり、ゴロゴロしたり静かにがまんする。

なにが問題？

●長年の習慣になっている

以前の「児童福祉施設最低基準」の中に午睡の記述があり、それを根拠に午睡が続けられてきました。その後の改正で午睡の記述はなくなっていますが、「保育所保育指針」には、「午睡は生活リズムを構成する重要な要素」「一人一人の生活のリズムに応じて、安全な環境の下で十分に午睡をする」との記述があります。保育時間が長くなっていることもあり、見直しをしない園も多いようです。

●午睡中の時間が保育者に活用されている

子どもの午睡中は、記録を書くなどの業務や、会議、休憩などの時間にしており、保育者にとって必要な時間だととらえている園もあります。

問題は**ココ!** 午睡が必要ない子どもには苦痛な時間になる

子どもそれぞれ体力も違い、その日の活動量や家庭での過ごし方も違います。午睡を必要としない場合もあります。

大人側の都合で必ず全員が午睡をしなければならないのは、子どもにとって大きな苦痛です。実際、園時代の思い出で「つらかったこと」として「午睡」を挙げる子どもは多いといわれます。

家庭での睡眠時間も考慮してその子どもに適した睡眠の量を確保し、必要がないなら無理強いをしないことです。

コレで解決！

眠くない子どもには
静かに過ごせる場所を
用意する

午睡についての認識を改める

まずは全員に午睡が必要だという考えを改めましょう。

子ども一人ひとりの体力や活動量、家庭生活の状況、それまでの午睡時の様子（眠れずゴロゴロしていたなど）から、午睡が必要かどうかを判断します。

家庭での睡眠時間を把握する

午睡が必要かどうかの判断は、家庭との連携も大切になります。いつもどのくらい睡眠時間を取っているかをきちんと把握します。

家庭には、午睡をするかどうかの判断材料にすること、睡眠の足りない子どもにとって午睡が大切な理由を伝え、正確な情報を得られるようにしましょう。

眠くない子ども、寝たくない子どもの自由を認める

眠るという生理現象を無理強いしないようにします。眠くない子ども、寝たくない子どもは寝なくてもよいと認めます。そして、午睡をする子どもの睡眠を妨げないよう、寝ない子どもがゆったりと過ごせる場所や活動を用意します。

生活 におけるなぞルール

なぞルール ⑤

色分けは、男の子は青系、女の子は赤系

名札の色、スモッグの色は、男の子が青系、女の子は赤系。個人のマークは、男の子は乗りもの、女の子は花などから選ぶ。

● ジェンダーにとらわれている

長年のうちに身についたジェンダーにまつわる思考や習慣はなかなか変えられません。無意識にジェンダーによる区別をしていることがあります。

● わかりやすさを優先している

トイレや身体測定など男女の区別が必要な場面もあります。色やマークでわかりやすく表示することが集団生活をスムーズにします。

問題はココ！ 男らしさ、女らしさの イメージを植えつける

「男の子はこの色」「女の子はこのマーク」と大人が決めつけることは、ときに子どもが好きな色、好きなマークを否定することにつながります。

遊びや役割の決めつけもよくあります。例えば、女の子が戦いごっこをしていると「女の子なのにおかしいよ」、男の子がままごとで料理をしていると「今日はお母さん役なの？」と、なにげない言葉かけにジェンダー意識がにじみ出ることがあります。

保育所の第三者評価の評価の着眼点等には「性差への先入観による固定的な対応をしないように配慮している」という項目があります。着替えコーナーで男の子がスカートをはく、女の子が「ぼく」と言うなど、これまでの自身の思考では違和感のあることも、否定しないことが大切です。

子どもが選択できる
機会を増やし、
好みを否定しない

まずは、自分の中の ジェンダーを認識する

　人はなにげないところにジェンダーへの先入観をもっています。まずは、自分の中にあるジェンダーを認識する必要があります。

　色だけでなく、服装や髪型、遊びや役割、言葉づかいや仕事など、どのようなジェンダー意識があるかを探してみましょう。その上で、自分の中の思い込みであることを認め、決めつけないことを意識します。

保育者の感覚を押しつけない

　男の子は飛行機、ロケットなど乗りものが好き、女の子は花やかわいらしい動物が好き、男の子はくまさんマーク、女の子はうさぎさんマークなどと、保育者の感覚で振り分けないようにします。それが、子どもに性差への固定的な観念を植えつけることになるからです。

　以下、性差への固定的な観念等をうえつけないよう、配慮したい内容です。

・態度
・遊びや遊び方
・使う色、色の感覚
・服装、服の色
・役割
・ごっこ遊びや劇遊びの配役
・「このクラスの女の子はみんな〇〇だね」
　などと性別でひとくくりにする言葉

　　　　　　　　　　　　　　　　など

保育者が絵を描き始めると 子どもの興味がカブトムシ に集中。新たな発見も

　　3歳児の保育室にカブトムシの観察コーナーを作りました。カブトムシを入れた容器を置き、その周りに自然や昆虫などを題材にした絵本や図鑑などを並べました。3歳児はまだ平行遊びも多い時期なので、それぞれカブトムシを見たり、本を見たりしていました。

　　何か子どもの刺激になることができないかと考え、保育者がカブトムシの絵を描き始めました。すると子どもたちはカブトムシと保育者の絵を見比べ始めたのです。

　　足を観察して、「足にギザギザがあること」に気づいたり、「足が長すぎる」と指摘したり……。子どもの興味が、保育者の絵を通してカブトムシに集中しました。「私も描きたい」と言って、描き始める子どもも出てきました。カブトムシを容器から出し、じっくり観察しながら描く子どももいます。「おなかに毛が生えている！」と大発見し、保育者が描いたカブトムシの絵に毛を描き足す姿もありました。

　　保育者が「環境」となり、遊びが広がった一場面です。

保護者を意識した

なぞルール

なぞルール ①

どの子どもにも
同じ経験をさせる

ほら並んで

やだー

参加を嫌がる子どももいるが、みんな一緒に同じ活動ができる
ように参加をうながす。

なにが問題？

● どの子どもにも同じ経験をさせたい

「どの子どもも平等に」という考えがあり、みんなが同じことを経験できるようにしています。

● 仲間意識をもたせたい

担任は、まとまりのあるクラスを目指し、また、それが求められています。そのため、みんなで同じ経験をすることで仲間意識を育てたいという思いがあります。

● 保護者の目を気にしている

参加しない子どもの保護者が、「うちの子どもだけなぜ」と不満をもったり、不安に感じたりすることがないように、みんな一緒を目指したいという思いがあります。

問題はココ！ 子どもの不利益になることも

集団での活動に参加したくない子どもにも、参加できない子どもにも同じ活動を求めることは、子どもにとってつらい経験になったり、うまくいかないことで自己肯定感が下がったりします。これは、子どもの利益につながりません。

問題なく参加している子どもにとっても、やりにくさが生まれたり、活動によって期待できる経験が得られなかったりすることもあります。

また、乳幼児期は個人差が大きいので、みんな平等に同じ経験をするということには無理もあります。

活動に参加しても
しなくてもOK。
子どもが選べるようにする

子どもの意思を尊重する

　子どもに無理のない範囲で参加することが大前提です。
みんなと一緒に参加したいのか、見ているだけがよいのか、
別のことをしたいのかを確認しましょう。

　はじめは見ているほうがよくても、楽しそうだなと思っ
たら途中で参加したくなるかもしれません。

一人ひとりに合わせた
参加の仕方に配慮する

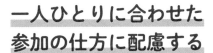

　経験してほしい活動は、一斉活動として行わずコーナー
をつくって少人数ずつ行う、あとから保育者と一対一で行
うなど、クラスのみんなと同じ経験ができるような配慮を
工夫します。

　なお、みんなと一緒に活動に参加できなくても、近くに
いたり、ほかのことをしながら様子を見ていたりすること
で、その子なりの経験はできています。

ドキュメンテーションは
クラス全員をのせる

Aちゃん いる
Bちゃんもいる…

今週のドキュメンテーション

ももぐみ

めろんぐみ

りんごぐみ

名簿

保護者の気持ちに配慮して、クラスの子ども全員が写っている
かを意識している。

なにが問題?

● ドキュメンテーションは子どもの成長を保護者と共有するツールの一つ

掲示をすると、「うちの子どもが写っていない」とがっかりする保護者が少なからずいます。クレームになることもあるので、できるだけ子ども全員が写っている写真を選ぶようになります。

問題はココ！ ドキュメンテーションの意義を理解できていない

ドキュメンテーションは保育の内容や子どもの姿を視覚的に記録し、保育の質を向上させるためのものです。結果的に、保護者が自分の子どもの育ちを知ることにつながりますが、保護者のために作るものではありません。

その上で、写真に写っている子どもに偏りがあるとしたら、活動の内容や方法に問題がある可能性もあります。

Episode
エピソード
写真ばかりのドキュメンテーション

ただ写真が並べられていたり、全員の子どもが同じことをしている写真で構成されているドキュメンテーションがありました。フキダシの言葉もありきたりのせりふばかりです。

これでは、保育や子どもの育ちの記録としては不十分です。やりとりや保育の意図を盛り込んで「伝える」ものとして活用しましょう。

保育の意図と子どもの育ちが見えるドキュメンテーションを作る

ドキュメンテーションの意義を保育者間で共有する

　ドキュメンテーションは保育の内容や子どもの姿を視覚的に記録し、保育の意図や子どもの育ちを言葉で伝えるものであることを保育者間で共有しましょう。

ドキュメンテーションの意義を保護者に伝える

　ドキュメンテーションは、よりよい保育のために活動や子どもの姿を記録するものだということを、できれば入園時に保護者に伝えましょう。全員の姿がいつも必ず写っているわけではないことに理解を得ておきます。

保育活動の問題点を探る

　写っているのが特定の子どもに偏っているとしたら、保育活動に偏りがある可能性があります。または、すべての子どもに目が届いていないことも考えられます。保育を見直し、どの子どもにも活躍の場面が生まれる活動を検討します。

　そして、行事や活動だけではなく、日常的な生活の場面での子どもの育ちも含めてドキュメンテーションにまとめましょう。

なぞルール ③

展示する作品は
差が出ないようにする

展示する作品は、得意な子どもと苦手な子どもの作品に差が出
ないよう工夫している。

なにが問題？

● 保護者や子どもの感情を考慮している

保護者が自分の子どもの作品とまわりを比べて不安にならないように、また、子ども自身が劣等感をもたないように、でき上がりに差が出ないようにします。

● 季節に応じた計画やねらいがある

5月は「こいのぼり」、3月は「おひなさま」、この時期にハサミの活動を、といった計画やねらいがあります。そのため、同じような仕上がりの作品になることが少なくありません。

問題はココ! 子どもの発達を伝えられない

園の役割は、保育の専門性をもって保護者に子どもの発達を伝えることです。みんなが同じような仕上がりになる作品では、子どもの発達は見えず、保護者に発達を伝えることにもなりません。

また、同じテーマや構図など、決まりごとの中での製作は、描きたいものを描き、作りたいものを作るという子ども主体の活動になっておらず、表現活動とはいえません。

子どもが同じ表現をするはずがはなく、同じような作品が並ぶことのほうが不自然であることに気づくべきです。

コレで解決！

子どもの表現は
一人ひとり違うことを
保護者にも伝える

表現方法を子どもが選べるようにする

まずは保育者自身が、表現の仕方は一人ひとり違うのがしぜんであること、違ってよいという意識をもつことが大切です。

その上で、例えば毎月の製作で、4月は「チューリップ」、5月は「こいのぼり」などテーマを決めたとしても、それをどう表現するかは、子どもが決められるようにしましょう。絵を描く、折り紙にする、粘土を使うなど、表現方法もいくつか提示し、選べるようにしてもよいでしょう。

なぐり描きも作品。プロセスと意味を保護者に伝える

どんな些細ななぐり描きでも子どもの作品です。ただぐるぐる線を描いただけでも、意味があります。このなぐり描きが何につながるか、子どもがどのような表情で描いていたかなど、作品の見方を保護者に伝えていくことが大切です。特に、「円」を描くようになった、「頭足人」を描くようになったときには、保護者に発達段階の一つであることを伝えましょう。

保護者を
意識した

なぞルール ④

連絡帳は、
とにかく記入して返す

連絡帳は、毎日必ず記入して保育者に返す。記入時間が限られているので、とにかく書くことを大事にする。

なにが問題？

● 保護者との コミュニケーションツールとして大切

連絡帳は、保護者との大切なコミュニケーションツールです。保育者は園での子どもの姿を伝え、保護者は家庭での子どもの姿を伝えます。情報を共有し、保育や生活に生かすために、保育者はとにかく毎日書いて返すことを大切にしています。

● 時間とのたたかいがある

3歳未満児のクラスでは、毎日書くことが求められており、午睡時を記入の時間としている園も多いようです。限られた時間にすべて書かなくてはならず、いかに効率的に書くかが求められています。

問題はココ! ありきたりの内容だけなら意味がない

連絡帳は保護者との大切なコミュニケーションツールであることに異論はありません。ただ、「今日は〜しました」などと、掲示ですむ情報、クラスの誰にでも当てはまる文面では、保護者にとって有意義な情報ではなく、本来の連絡帳の意味がありません。

コレで解決！

毎日書くことより、
子どもの育ちをていねいに
書くことを大切にする

連絡帳の意味や書く内容を
保護者とも共有する

　まずは、連絡帳の意味や書く内容について園内やクラス内で共有します。3歳未満児の場合、必ず記入することとして、「生活の記録（食事、睡眠、排泄、体調）」「保護者から質問があったときの返答」があります。書いたほうがよいことは、「子どもの育ちに気づいた場面」についてです。

　同時に保護者には、就寝・起床時間、食事の内容、体調の記入をどのように園で生かしているかを伝えて正確な記入をお願いしましょう。その際、家庭での睡眠時間や食事の内容について指摘しないことが大切です。

子どもの育ちを見逃さないための
連絡帳ととらえる

　保護者が知りたいのは、わが子がどのように育っているかの情報です。その子どもの成長を伝える文面を意識します。1週間に一度も書くことがないとしたら、その子どもをきちんと見ていなかったということです。連絡帳を子ども一人ひとりの育ちをきちんと見るきっかけにします。

　近年、デジタル化が進み、連絡帳を園の記録として保存することが可能になりました。保存することで、保育者間で共有をしたり、要録に生かしたりすることも可能です。

なぞルール ⑤

保育参観は
いつも通りの保育を行う

普段の子どもの姿を保護者に見てもらいたいから、いつも通り
の保育を行う。保護者には部屋の外や隅で見てもらう。

なにが問題？

● 普段の保育の様子を見てもらいたい

保育参観には、子どもの園での姿を保護者に見てほしいという意図があります。そのため、3歳児未満のクラスでは、子どもが保護者の姿に気づかないよう、窓の隙間などから見てもらう園もあります。

● 参観可能期間が長い場合は、保護者に向けた配慮がしづらい

参観日を1日に限定すると来られない保護者もいるので、1週間など一定期間、参観ができるようにする園もあります。期間が長く、参観もバラバラなので、いつも通りの保育をただ見てもらうことになります。

問題はココ！

ただ見るだけでは保育の意図は伝わらない

保育参観は、子どもの園でのありのままの姿を見てもらう機会であり、いつも通りに保育を行うことは問題ありません。しかし、いつも通りの保育を"ただ見る"だけでは、保護者にとっては「子どもの姿を見てきた」という満足感を得るだけの機会になってしまいます。何をどう見たらよいかがわからず、ときにはわが子の「できない」だけに目がいき、心配になることもあります。

いつも通りの保育をただ見てもらうだけでは、保育の意図が何も伝わらないことが問題です。

事前に保育の意図を伝え、
当日は説明や
フィードバックを行う

保育参観の意図を再認識する

　保育参観は、保育の様子と子どもの姿を保護者に見てもらいながら、保育の意図、発達の過程を伝える場です。この活動は何を目指しているか、どのような学び・成長があるか、そのために園ではどのような環境を用意しているかを伝え、保護者に子どもの育ち、園の保育を理解してもらう機会でもあるのです。

　まずは保育参観の意図を再確認し、保育参観のあり方を改めて考えてみましょう。

事前に活動内容を紹介し、当日は説明やフィードバックの時間をつくる

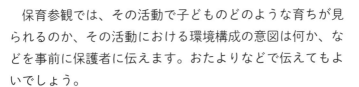

　保育参観では、その活動で子どものどのような育ちが見られるのか、その活動における環境構成の意図は何か、などを事前に保護者に伝えます。おたよりなどで伝えてもよいでしょう。

　当日は、目の前の保育の様子や子どもの姿をとらえて、今子どもが取り組んでいることにどのような意味があるのか、保育者はどのような意図で対応しているのかなどを説明しましょう。クラスをもたない主任や副園長、園長などが話してもよいでしょう。保育を見て疑問を感じたり、子どもの姿に不安をもった保護者にその場でフォローをすることもできます。

　参観後には、保育者と保護者が対話する時間をつくることも大切です。

保護者を意識した　なぞルール

♥ 素材を組み合わせて 自らロボットになり続ける

　4歳児クラスの男児が、ティッシュの空き箱を靴のように
はいて歩き出しました。しばらく歩いているだけだった
ので、保育者は「ロボットみたいだね」と声をかけました。
すると「ぼくはロボットなんだ」と言い、何かひらめいた
ように、今度はティッシュの箱でヘルメットを作りました。

その後、ロボットの手を
作り、背中に翼をつけ、
だんだんと全身がロボッ
トになっていきました。
そのうちに昼食の時間に
なりましたが、ロボット
のままで昼食の準備を始
めました。さらにそのま
ま食事をし、昼寝をし、
おやつを食べ、帰るまでロボットのまま過ごしました。
　その様子をじっくり見ていた別の男児が「飛行機」を作
り始めるなど、遊びの模倣も起こっていました。
　園では、この事例を園内研修で取り上げました。子ども
たちの行為がどのような意味をもっていたか、十分な時間
があったか、必要な素材を十分用意できていたか、翌日以
降の遊びにどうつながったかなど。園として、保育者とし
て振り返るきっかけとなりました。

保育者の
役割・考え方

の

なぞ

ルール

遊びを提供するのは
保育者の役割

ドッジボール
やるよーー！

自由遊びの時間には、子どもが楽しく友だちと遊べるように、
保育者がいろいろな遊びを提案している。

なにが問題？

● 発達を促す遊びをしかけたい

子どもの育ちに遊びは大事。楽しい遊びをしかけて子どもを思いきり遊ばせ、発達につなぐことが保育者の仕事だという認識があります。

● 子どもをまとめたい

子どもがついてくる、子どもをまとめられるのがよい保育者だという思いがあり、それを目指している保育者もいます。

問題はココ！ 子どもの主体性が発揮されにくい

保育者は、子どもが遊んでいる姿をよく見て、遊びが広がるのに必要な道具をさりげなく出したり、保育者自身が環境になって遊び相手になるなど、支援していく側です。

保育者が中心になって遊びの提案をしたり、リードをしたりしていると、子どもは遊びを生み出す必要がなくなり、自ら遊びを広げたり、工夫したりする力が育ちません。また、主体性を発揮する機会が減り、主体性が育まれません。

保育者は遊びのモデルや共同作業者になって遊びの広がりを支援する

どうしたら遊びが広がるかの視点をもって見守る

　保育者は、子どもが遊んでいる様子をただ「楽しそうね」と見るのではなく、どうやったら遊びが広がるかなという視点をもって見守ることが大切です。

　子どもが自ら始めた遊びでも、放っておけば遊びはしぼんでしまいます。保育者は子どもが今、何に興味・関心をもっているのかを子どもの姿や言葉から探り、遊びを広げるのに必要なものやしかけを考えて用意したり、言葉をかけたりしましょう。

　例えば、子どもが探検ごっこを始めて虫に興味を示したら、虫かごを用意しておくといったことです。

保育者が夢中になって遊ぶ姿を見せる

　保育者がリーダーシップを発揮してはいけないわけではありません。ただ、遊びをリードするというより、保育者が遊びのモデルになることを意識します。

　その際、自分がやりたいことではなく、遊びの主体は子どもであることをふまえてモデルになることを意識しましょう。

主体性を育むために
手や口を出さず見守る

子どもが遊んでいるときはできるだけ手も口も出さない。安全
に注意して見守る。

なにが問題？

● 子どもの主体性を大切にしたい

「保育所保育指針」「幼稚園教育要領」などには、子どもの主体的な活動や子ども相互の関わりを大切にするようにと示されています。そのために、保育者は子どもの遊びを見守ることを大切にしているのでしょう。

● 見守りという言葉を誤解している

見守るとは、「安全を確保しながら見ていること」だという認識があります。

問題はココ！ 遊びが広がる チャンスを奪っている

　見守りとは、ただじっと見ていることではありません。子どもが自発的、意欲的に関われるように環境を構成したり、状況に応じた適切な関わりをしたりすることが保育における見守りです。まず、この理解が不足しています。そして、安全を見守るだけの保育は、専門性とはほど遠い、いわば「子守り」です。

　本来の「見守り」ができていないことで、遊びが広がるチャンスを奪っているとさえいえます。

コレで解決！

子どもの姿をよく観察し、
遊びが広がる
きっかけをつくる

遊びの展開を予測しながら見守り、複数のプランをイメージする

遊びが広がるようなきっかけをつくるには、子どもの遊びの展開を予測し、こうなったらこうしようと複数のプランをイメージしながら見守ることが大切です。

遊びの展開を予測することは、安全を確保することにもなります。

子どもの発見を見逃さず、物を出したり声をかけたりする

子どもの遊びをよく見ていると、乾いた石の上に水をたらしたら模様ができたなど、ちょっとした発見の場面に遭遇することがあります。そういった発見を見逃さず、展開を見守ります。必要があれば物を出したりして、遊びが広がるきっかけを与えます。

相談役として一緒に考えたり、共同作業者として一緒に作ったりする

遊びを広げるといっても、子どもだけだと限界があることもあります。かといって、保育者がやってしまうのもよくありません。保育者は子どものモデルとなって子どものアイデアが広がるような姿を見せたり、共同作業者として一緒に遊びをつくったりします。

なぞルール ③

保育者の
役割・考え方の

できたことを
言葉でほめて伸ばす

ひとりで
お着替え
えらいねー

折り紙じょうず!
すごいね〜

できたー

子どもが何かを達成したら、「えらいね」「すごいね」「じょうずだね」とほめて認める。

なにが問題?

● 子どもをほめることが推奨されている

子どもの自己肯定感を育てるためには、「ほめる」「認める」ことが大切だと認識しています。そのために、「えらいね」「すごいね」「じょうずだね」などという言葉を使って、認めていると伝えようとしています。

● 認め方・受け止め方のバリエーションが少ない

「えらいね」「すごいね」「じょうずだね」の言葉を使う以外に、どう認めればよいかがわからない保育者が少なくありません。

問題はココ! やろうとした気持ちや過程が認められていない

「ほめる」「認める」というと、出来栄えや結果を評価することに偏りがちです。しかし、チャレンジしようとした前向きな気持ちや取り組んだ過程なども認めることが大切です。また、「本当はこうしたかった」「やろうと思ったけれどできなかった」という思いにも寄り添いましょう。

本来、子どもは、大人からほめられたくて行動するわけではありません。自分がしたいことをするのがしぜんな姿です。結果への評価の言葉が多くなると、大人からの称賛や評価を求めて行動するようになります。

コレで解決！

抽象的な言葉ではなく、
ありのままを認める
言葉をかける

評価ではなく、子どもの姿を言葉にする

「認める」とは評価することではありません。目の前の子どものありのままの姿や気持ちを言葉にして伝えます。

「靴下がはけたね」など、行動をそのまま言葉にするだけでもよいのです。

気持ちや過程を言葉にする

「〇〇の絵を描きたかったんだね」など、子どもの思いや、「たくさん練習したね」など、プロセスを言葉にして伝えます。友だちをたたいてしまった子どもに「〇〇な気持ちだったんだね」など、ネガティブな気持ちを受け止めることも大切です。

Check

🔖 **チェック ほめているつもりでも
避けたい表現**

朝の会で、落ち着かない子どもに対して別の子どもが、「そんなにふざけてたら小学生になれないよ」と言いました。あ、この子は、誰かから同じことを言われているのかな、と感じました。

子どもをほめるつもりで、「これで小学生になれるね」などと言うことがあります。でもこれは、「〜ができなければ」「〜だと」小学生にはなれないと言うのと同じことです。

なにげなく使ってしまう表現ですが、気をつけましょう。

壁面装飾は
保育者の手作り

壁面装飾は保育者の力量の見せどころ。子どもたちのためにも
必ず手作りする。

なにが問題？

● 壁面でクラスの雰囲気が伝わる

保育室の壁面は、子どもだけでなく送迎の保護者や、保育室に訪れる人みんなが必ず目にする場所です。壁面装飾は情報を伝えながら、クラスの雰囲気を映し出します。

● 子どもが喜ぶ

子どもはかわいいものが好きです。殺風景な壁面よりかわいらしく飾られた壁面を喜ぶはず、という思いがあります。

問題はココ！ 意図のない壁面装飾は負担ばかり多い

　壁面装飾を否定はしません。子どもの好きなものがかわいらしく飾ってある壁面は、子どもが喜ぶことも事実です。しかし、誰のための、何のための壁面でしょうか。意図や目的をもって作っていますか？

　壁面を手作りすることは大変な作業です。意図のないまま、ただ子どもが喜ぶ壁面装飾、保護者に気に入られる壁面装飾をといったことだけを考えていると、負担が大きいだけで、子どもにも保育にも利益のないものになってしまいます。

コレで解決！

壁面装飾の意味を問い直し、
手作りにはこだわらない

壁面をどう使うかを考える

　クラス担任同士などで話し合い、何のために壁面を装飾するのか、どのような壁面にしたいのかを考えましょう。

　子どもの作品や季節の装飾、保護者に向けた情報や保育の見通しがもてるようなものなど、どのような掲示が必要で、どのように飾るのかを具体的に検討します。

子どもと共に作る

　壁面の掲示物は、保育者の手作りにこだわる必要はありません。子どもの作品を飾ったり、子どもと一緒に作ることも考えます。子どもが散歩でつんできた花を飾ったり、川で拾ってきた流木をオブジェにしたり、そのままを活用することも一案です。子どもに「何を壁に飾ったらいいかな？」などと聞くのもよいでしょう。

> **Check**
> **チェック**
> ## まったく飾らないのもどうでしょう
>
> 　壁面をスッキリさせておきたいという思いから、壁面装飾をまったくしない園もあります。見た目は美しいかもしれません。しかし、子どもが自分で描いた絵を「みんなに見てほしい」と飾ろうとする思いまで受け入れられないのであれば、それは問題です。飾りたい子どもが飾れるような展示スペースを作るなど、柔軟に考えてほしいと思います。

なぞルール ⑤

保育者の役割・考え方の

進級接続は 3月になってから

もうすぐ うさぎぐみさんに なるから 今日はうさぎぐみさんのお部屋で 遊ぶよ～

うさぎぐみ

はーい

進級にあたっての接続は、3月に行う。4月からの保育室で遊んだり、給食を食べたりする。

なにが問題?

● 新しいクラスの担任が決まっていない

集団生活の経験が長く、慣れていることから、園内の「接続」を課題視していません。また、新しい担任が決まっていないという背景もあります。

● 接続のための環境を用意するのが難しい

特に2歳児から3歳児の接続については、乳児エリアと幼児エリアの両方に関わるため、部屋を移動するなどの環境の変更が容易ではありません。

問題はココ! 実は大きな変化の時期。準備期間が不足している

　2歳児から3歳児への進級には特に大きな壁があります。

　例えば、3歳児になると子どもに対する保育者の数が一気に減ります。生活の場所・流れが大きく変わることがあります。

　この年齢の子どもには大きな変化です。それが理解されておらず、子どもに十分な準備期間が与えられていません。

　これらの変化によって困る子どもが出てきます。強いストレスを感じる子どももいます。

2歳児クラスでは落ち着いていた子どもが、3歳児になったとたん不安定になることは少なくありません。

2歳児と3歳児が交流するしかけを長期的に計画する

乳児クラスと幼児クラスの保育者で交流を計画する

その年の子どもの状況によりますが、遅くとも秋頃から進級に向けた計画を立てましょう。

2歳児クラスの担任から3歳児クラスの担任に声をかけ、交流の方法、活動の内容などを検討します。

少しずつ興味をもてる交流を考える

最初は、興味をもった子どもから交流できるようなしかけを考えます。例えば、園庭の使用を一緒の時間帯にしてみて、それぞれが遊ぶ中で、3歳児の遊びに興味をもった子どもだけ参加してみるなどです。

進級後の保育室で3歳児と過ごす

「場所見知り」を避けるためには、進級後の保育室で過ごしてみる体験も大切です。この場合も、子どもに「行ってみる？」「行ってみたい子いる？」と声をかけて、「行く」と答えた子どもだけの小さなグループで体験をしてみます。そのうち少しずつ「行ってみたい」子どもが増えていくでしょう。

なお、保育室体験で大切なのは、3歳児がいる中で参加することです。3歳児がいてこそ3歳児の部屋です。3歳児のいない部屋で過ごすだけでは進級準備にはならないことを理解しましょう。

Part 5

保育者の役割・考え方 のなぞルール

保育も
ＰＤＣＡでまわす

PDCAを意識して保育の振り返りを行い、次の保育内容を検討する。

なにが問題？

● 保育の質の向上にもPDCA

保育の向上のためには、ビジネスの世界での手法を取り入れることも大切です。PDCA 〈（Plan）計画→（Do）実行→（Check）評価→（Action）改善〉は、業務を継続的に改善する方法の一つだといわれており、それを保育にも活用しています。

● 自己評価が努力義務とされている

「児童福祉施設の設備及び運営に関する基準」や「保育所保育指針」において、保育所及び保育士は自ら評価を行い、その結果を公表することが求められています。PDCAを活用すると自己評価が行いやすくなり、PDCAを活用しようという意識が高まっています。

問題はココ！ 保育はPから始まらない

保育は指導計画に基づいて行います。とすると、いかにもP（計画）から始まるようですが、指導計画は子どもの姿があって初めて立てられるものです。また、そもそも子どもの遊びや生活は計画通りに進まないものです。

常に今の実践を振り返り
次を判断していく

PDCAにとらわれず
実践しながら常に振り返る

PDCAを回すことよりも、今の自分の行動、子どもの姿を振り返り、ねらいに合った実践ができているかを検証しながら次を判断していきます。

子どもの姿に応じて計画（P）に
柔軟性をもたせる

保育（D）は計画（P）に沿って進めるのが基本ですが、その通りには進まないのが子どもです。保育者は、子どもの姿や思いをくみとって、臨機応変に対応することが求められます。

例えば、室内での活動を予定していたけれどとてもよい天気だから外での活動にしよう、とその日になって考えることがあってもよいのです。

Check
チェック 保育の振り返りと改善の
プロセスこそ自己評価

保育の自己評価は、日々の保育を振り返り、園や自分の保育のよさや課題を見つけ、改善や質の向上につなげる行為です。チェックリストだけでなく、日々の様々な記録をまとめる評価や園内研修と連動させる評価など、いろいろな方法が考えられます。

振り返る際には、批判や意見の優劣を求めず、みんなが認め合う「同僚性」と「対話」が重要です。

保育者の役割・考え方の なぞルール 7

積み上げた経験を
何よりも尊重する

「この子はこう」「あの子はこうなのよね」。経験からの話には
耳を傾けないと……。

なにが問題？

134

ルールの背景

● 保育は経験が大事

園や保育者が積み上げてきた経験は価値あるものです。長年子どもと接してきた保育者の言葉や子ども理解には重みがあり、なるほどと納得させられることがほとんどです。

● 年功序列、上意下達、前例踏襲の文化がある

保育の世界では未だ封建的な職場も多く、年功序列、上意下達、前例踏襲の文化が根強く残っています。そのような園では経験が何よりも力をもっています。

問題はココ！

ときに「決めつけ」につながる

保育において、園や保育者が積み上げてきた経験に価値があることは間違いありません。しかし一方で、時代が変わり、これまでの価値観では乗り越えられないことも出てきています。

子どもの発達に関する研究が進む中、経験を重視し、古い時代の保育にこだわっていると、子どもにとって大切なことを見逃す結果にもなりかねません。

Part 5

保育者の役割・考え方 のなぞルール

コレで解決！

古い価値観はリセット。
若手の意見を聞く姿勢をもつ

自身の価値観を見直す

「あたりまえ」だと思ってきた自身の保育を見直すことは、これまで見たり考えたりせずにすんでいたことを見ることになり、大変さを感じる人もいるかもしれません。しかし、課題意識や視点をもつことは、保育の質の向上や改善に向けた第一歩となります。

若手の意見も尊重する

どれだけ経験があっても、保育を学ぶ姿勢は大切です。若手は養成校で新しい保育を学んできています。彼らの意見を聞き、尊重する姿勢をもちましょう。

結果的に子どもにとってよりよい保育環境となり、保護者の満足度を高めることになるでしょう。そうなれば、若手保育者の意欲も高まり、離職やコミュニケーションの課題も改善されるかもしれません。

エビデンスを問う姿勢を身につける

経験則だけでなく、科学的知見も大事にします。研究によって明らかになったエビデンス（根拠）をもとに保育を考える姿勢を養いましょう。

探索活動ウォッチング
のすすめ

　乳児の探索活動を観察してみましょう。子どもへの思い込みを捨て、危険がない限り子どもに声をかけたり、手を出したりせず、子どもが自由に探索する後ろからそっとついて歩きます。

　子どもが行きたい場所、見たいもの、やりたいことが何なのかが見えてくると共に、幼い子どもでも自己選択、自己決定をくり返しながら生きていることに、改めて気づかされるでしょう。

> 0歳児クラスの1歳になった子どもの探索活動を見ていきます。

> この子はまず、年上の子どもが色水遊びをしているコーナーに惹かれて近づいていきます。

年上の子どものまねをしながら、自分勝手にやります。年上の子どもは手や口を出さず、適度な距離で見守りながら遊んでいます。

近くにいる保育者に「行ってきます」とでも言いたそうに近づき、保育者がにこにこと「行ってらっしゃい」と答えると、自分の行きたい方向へ進みました。

自分の興味ある方向へどんどん歩きます。楽しそうな音楽に惹かれたようです。

音がする方向に歩いていき、立ち止まり、踊っている様子を見ています。しかし、それ以上近づきません。

少しして、すべり台のほうに向かいます。階段を一段だけのぼって、また、踊っている様子を見ています。

よく見ると、てすりを握りながら、踊っているほうを指差ししていました。大人に「踊っているよ」と伝えており、三項関係の芽生えが見られます。

このような行動をしたときに、保育者は、この子が上までのぼるのではないかと心配になります。でも、思い込みで「降りようね」「危ないよ」と降ろしたりせず、行為の意味を考えます。

自ら階段を降りました。自分がのぼれないことをちゃんとわかっているのです。そしてまた、探索を始めます。

⑨

年上の子どもの楽しそうな姿に目がいくようで、5歳児の女の子が遊んでいる台に興味を示しました。

⑩

女の子は気づいて、動きを弱めてくれます。しばらくはねるのを楽しみました。

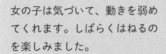

つまらなくなったのでしょう。再び、最初にいた色水遊びに戻って遊び始めました。

⑪

探索活動ウォッチングをすると、0～2歳児の子どもでも、自分で自分の見たいもの、さわりたいものを自己決定していることに改めて気づかされます。この経験のくり返しを通して、自分の行動を選択、決定する力が育まれているのです。

探索活動ウォッチングは、この子は何を考えてなぜこの行為をしているのかなど、子ども理解にもつながります。また、「幼い子どもは自分では何もできない存在だから導かなければならない」「安全のためにも行動を制限しなければならない」という思い込みから、保育者が解放されるきっかけになるかもしれません。

探索活動ウォッチングのすすめ

141

おわりに

　保育の中の"なぞルール"は、とうてい本書にすべて収められてはいません。園の規模や種別、保育のスタイルによっても異なるので、このあとは、本書をお読みいただいた方々に委ねられることとなります。

　このように保育者一人ひとりが、子どもを中心に置いて子どもの声なき声を拾いながら、"なぞルール"を見つけて改善していく過程は、振り返りや自己評価に似ています。

　以前関わった園では、「たくましい心とからだ」という課題で公開保育を行いました。公開保育まで2年間、子どもの動きや行為の一つひとつについて、「たくましいかどうか」「主体性があるかどうか」を振り返り研修を進めたところ、子どもの生活や遊びがのびのびと主体的に変化しました。すると、保育者の関わりもそれをさらに助長するような働きかけとなり、保護者や非常勤の職員まで「子どもが自ら考えるようになった」「保育者が子どもをよく観て待てるようになった」など変化を感じるようになりました。

　近年、保育の中で求められている「評価」(特に保育所では、保育者の自己評価と園の自己評価が努力義務となり、監査等でも求められるようになりました)に対して、ネガティブな印象をもつ保育者も多いことでしょう。一方で保育における省察や評価の取り組みは、こうした"なぞルール"の発見と改善をもとに行うと考えると、より前向きに考えられるかもしれません。さらに、「なぞルールの発見と改善」をテーマにして園内研修を実施し、グループワークを活用しながらみなさんで"なぞルール探し"をするのはいかがでしょう。方法によっては、同じ目的で園内研修と自己評価を同時に行うことが可能となるかもしれません。振り返りや評価がよりポジティブで日常的なものになっていくのではないでしょうか。

プロフィール

石井章仁（いしい あきひと）

大妻女子大学家政学部児童学科准教授
大学卒業後、学童保育指導員、保育士を経て、東京家政大学
大学院修士課程修了。その後、東京YMCA社会体育・保育専
門学校専任教員、城西国際大学福祉総合学部福祉総合学科助
教、千葉明徳短期大学保育創造学科教授等を経て現職。
現在、複数の保育所、認定こども園、幼稚園で園内研修を定
期的に行っている。令和3年度厚生労働省「地域における保
育所、保育士等の在り方に関する検討会」構成員。著書に
『エピソードでわかる！ クラス運営に役立つスキル』（中央
法規出版）などがある。

協力
東金市立保育所・認定こども園（千葉県）
社会福祉法人風の森　風の子保育園（千葉県）

見直そう！
保育現場の「なぞルール」

「あたりまえ」から抜け出せば、
子どもはもっとのびのび育つ

2023年7月20日　初 版 発 行
2024年9月 5 日　初版第 3 刷発行

著　　　　者	石井章仁
発 行 者	荘村明彦
発 行 所	中央法規出版株式会社

〒110-0016
東京都台東区台東 3-29-1　中央法規ビル
Tel 03 (6387) 3196
https://www.chuohoki.co.jp/

編 集 協 力	こんぺいとぷらねっと
	（茂木立みどり　鈴木麻由美）
装幀・本文デザイン	平塚兼右（PiDEZA Inc.）
カバー・本文イラスト	松本麻希
印刷・製本	TOPPAN クロレ株式会社